Documentos de la democracia de Estados Unidos

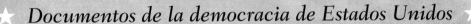

LA PROCLAMACIÓN DE EMANCIPACIÓN

Ryan Nagelhout
Traducido por Esther Sarfatti

PowerKiDS press.

Nueva York

Published in 2017 by The Rosen Publishing Group, Inc.
29 East 21st Street, New York, NY 10010

Translator: Esther Sarfatti
Editorial Director, Spanish: Nathalie Beullens-Maoui
Editor, English: Katie Kawa
Book Design: Tanya Dellaccio

Photo Credits: Cover (painting), pp. 5 (Lincoln), 8, 17 (painting) Everett Historical/Shutterstock.com; cover (document), pp. 5, 27 Courtesy of the National Archives; Background (all pages except 19) didecs/Shutterstock.com; p. 7 (top) sjgh/Shutterstock.com; pp. 7 (bottom),11 (document), 13, 17 (document), 19, 21 Courtesy of the Library of Congress; p. 9 https://commons.wikimedia.org/wiki/File:Ordinance_of_Secession_Milledgeville,_Georgia_1861.png; p. 11 (painting) MPI/Getty Images; pp. 15, 23 Buyenlarge/Getty Images; p. 25 DEA/W.BUSS/Getty Images; p. 29 https://commons.wikimedia.org/wiki/File:AdoptionOf13thAmendment.jpg.

Cataloging-in-Publication Data

Names: Nagelhout, Ryan, author.
Title: La Proclamación de Emancipación / Ryan Nagelhout, translated by Esther Safratti.
Description: New York : PowerKids Press, [2016] | Series: Documentos de la democracia de Estados Unidos | Includes index.
Identifiers: ISBN 9781508151661 (pbk.) | ISBN 9781508151692 (library bound) | ISBN 9781508151678 (6 pack)
Subjects: LCSH: United States. President (1861-1865 : Lincoln). Emancipation Proclamation–Juvenile literature. | Lincoln, Abraham, 1809-1865–Juvenile literature. | Slaves–Emancipation–United States–Juvenile literature. | United States–Politics and government–1861-1865–Juvenile literature.
Classification: LCC E453 .N54 2016 | DDC 973.7/14–dc23

Manufactured in the United States of America

CPSIA Compliance Information: Batch #BS16PK: For Further Information contact Rosen Publishing, New York, New York at 1-800-237-9932

CONTENIDO

DOCUMENTOS HISTÓRICOS

Algunas cosas pueden caer en el olvido en el transcurso de la historia. Con el tiempo, las ideas dejan de ser claras y el significado de las palabras puede cambiar. Es por esto que los documentos históricos tienen tanta significancia y valor. Estas fuentes primarias nos permiten conocer de primera mano las palabras y frases que cambiaron el mundo.

La Proclamación de Emancipación es uno de estos valiosos documentos. Fue escrita y firmada por el Presidente Abraham Lincoln durante la guerra de Secesión de Estados Unidos. La intención era liberar a los esclavos en los estados que se separaron de la Unión al comienzo de la guerra. Utilizada como herramienta militar y como una afirmación del propósito de guerra, La Proclamación de Emancipación marcó el comienzo del fin de la esclavitud en Estados Unidos. También dejó por sentado que la guerra de Secesión no era simplemente acerca de los derechos de los estados, sino acerca de la esclavitud.

> *La Proclamación de Emancipación es uno de los documentos más importantes de la historia de Estados Unidos. El **borrador** original del documento, escrito a mano por Lincoln, fue destruido en un incendio. Lo que se conserva es la copia oficial que fue firmada por Lincoln el 1 de enero de 1863.*

Abraham Lincoln

La Proclamación de Emancipación

ESCLAVITUD EN EL SUR

Mucho antes de la guerra Civil, los debates sobre la esclavitud habían dividido la opinión pública en Estados Unidos. Los estados del sur dependían de los esclavos para el funcionamiento de sus plantaciones, mientras que la mayoría de los estados del norte había prohibido la esclavitud en 1804 o antes. Según fue creciendo la nación, algunos territorios del oeste se incorporaron como estados a la Unión, y se les permitió a algunos estados decidir si querían permitir la esclavitud o no. Estas decisiones crearon numerosos conflictos.

Un grupo de los estados del sur amenazó con separarse de la Unión si el Partido Republicano, que se oponía a la esclavitud, ganaba las elecciones presidenciales de 1860. Cuando el candidato republicano Abraham Lincoln tomó posesión de su cargo el 4 de marzo de 1861, siete estados ya se habían separado de la Unión. Con el tiempo, un total de 11 estados decidieron separarse de la Unión y formaron su propia nación, a la que llamaron Estados Confederados de América.

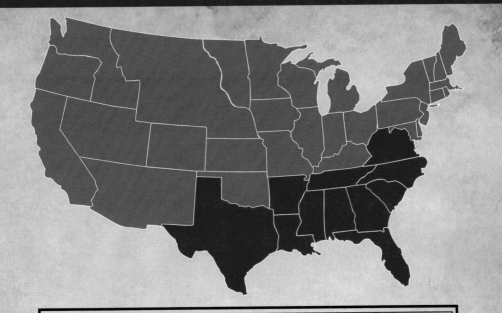

Este es un mapa de Estados Unidos en 1861. Los 11 estados que aparecen en rojo se separaron de la Unión y se convirtieron en los Estados Confederados de América.

La toma de posesión de Lincoln el 4 de marzo de 1861

Después que terminó la guerra Civil, y conforme fueron cambiando las opiniones acerca de la esclavitud, algunos estadounidenses, e incluso algunos historiadores, han afirmado que la guerra no se luchó para acabar con la esclavitud sino para proteger los derechos de cada estado ante el gobierno federal. Sin embargo, este punto de vista hace caso omiso de las declaraciones de muchos residentes del sur durante el período de la secesión, o separación, de la Unión.

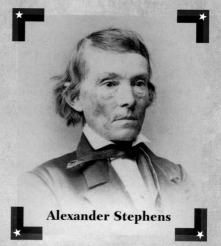

Alexander Stephens

Numerosos periódicos, políticos y dueños de esclavos en el sur, hablaban de la secesión como una manera de proteger la institución de la esclavitud.

UNA "INSTITUCIÓN PECULIAR"

Cuando los estados sureños se separaron de la Unión, muchos de los documentos oficiales de secesión reflejaban claramente que la razón más importante por la cual querían separarse de la Unión era para proteger la institución de la esclavitud. Algunos de estos documentos de secesión mencionan la "institución peculiar" de la esclavitud. En aquel entonces, esa "institución peculiar" era algo especial para ellos. La esclavitud era tan importante para el Sur, tanto económica como socialmente, que la gente de esos estados estaba dispuesta a luchar y hasta morir por protegerla.

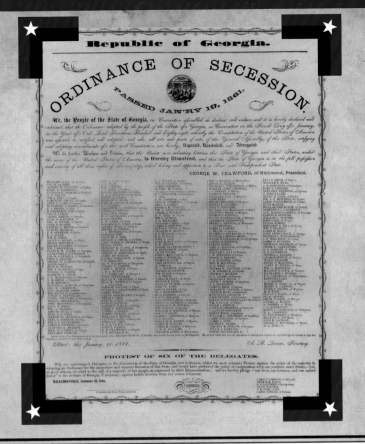

Aquí se muestra una copia de la ordenanza de secesión (el documento que anuncia formalmente la separación de un estado) votada en Georgia. Cada estado de la Confederación votó su propia ordenanza de secesión.

En marzo de 1861, el vicepresidente de la Confederación, Alexander Stephens, dijo que su gobierno se basaba en el hecho de que la gente blanca era superior a la gente negra. Según sus palabras: "…su piedra angular descansa sobre la gran verdad de que el (hombre) negro no es igual al hombre blanco; que la esclavitud, o **subordinación** a la raza superior, es su condición natural y normal".

COMIENZA LA GUERRA

El 12 de abril de 1861, las tropas confederadas, bajo el mando del General Pierre Gustav Toutant Beauregard, abrieron fuego sobre el Fuerte Sumter, una fortaleza de la Unión en Charleston, Carolina del Sur. Durante 34 horas, las tropas confederadas dispararon al fuerte. Las tropas de la Unión, que eran pocas y no tenían suficientes suministros, se rindieron el 13 de abril.

El 15 de abril, Lincoln emitió una proclamación. Solicitaba que 75,000 soldados voluntarios ingresaran en el ejército estadounidense para sofocar la **insurrección** de los estados del Sur. Esta proclamación llevó a otros cuatro estados del Sur a separarse en las siguientes semanas. Lincoln apenas llevaba unas semanas de ser presidente y el país había quedado dividido a la mitad. Posteriormente, Lincoln pidió más de 43,000 voluntarios adicionales para servir en el ejército durante tres años. La guerra Civil había comenzado, y Lincoln sabía que la Unión tenía que estar preparada.

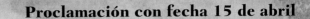

Oficialmente no se reportaron muertos durante el ataque al Fuerte Sumter. Sin embargo, Lincoln sabía que necesitaría un ejército poderoso para luchar en lo que seguramente resultaría ser un conflicto letal. Por eso emitió la proclamación, que se muestra aquí, el 15 de abril de 1861.

LA POSTURA DE LINCOLN

Aunque era miembro de un partido político cuya postura antiesclavista era bien conocida, Lincoln no escribió la Proclamación de Emancipación al comienzo de la guerra Civil. Los objetivos iniciales del presidente al comienzo de la guerra eran claros. Lo único que quería era ganar la guerra para preservar la Unión y readmitir a los 11 estados que se habían separado.

"Mi objetivo **primordial** en este conflicto es salvar la Unión en vez de proteger o abolir la esclavitud" escribió Lincoln en una carta a Horace Greeley el 22 de agosto de 1862. En esa misma carta, Lincoln dijo: "Lo que hago en relación con la esclavitud…

★ ★ ★ ★ ★ ★ ★ ★ ★ ★ ★ ★ ★ ★
"UNA CASA DIVIDIDA"

Aunque no trató de abolir la esclavitud inmediatamente al comienzo de su presidencia, Lincoln sabía su importancia política. En un discurso famoso que dio en Springfield, Illinois, el 16 de junio de 1858, dijo: "Una casa dividida contra sí misma no puede mantenerse en pie. Yo creo que este gobierno no puede sostenerse permanentemente, mitad esclavo, mitad libre… Tendrá que ser una cosa o la otra." Aunque en sus discursos Lincoln se refería al tema de la esclavitud, no tomó ninguna acción para abolirla hasta estar seguro de que sus acciones tendrían el apoyo de la mayor parte del país.

No todos los estados que permanecieron en la Unión habían prohibido la esclavitud. Misuri, Kentucky, Maryland y Delaware eran estados de la Unión que todavía permitían la esclavitud. West Virginia, que se convirtió en estado en 1863, después de firmada la Proclamación de Emancipación, permitía la esclavitud. Mantener a estos "estados fronterizos" dentro de la Unión fue uno de los grandes retos de Lincoln durante la guerra Civil.

lo hago porque creo que contribuye a salvar la Unión…" Sin embargo, Lincoln sabía que salvar la Unión significaba que tarde o temprano tendría que hacer una de dos cosas: o permitir que todos los estados tuvieran esclavos o abolir la esclavitud en todos.

LINCOLN DEBE ACTUAR

La presidencia de Lincoln se definió por la guerra Civil y el tema de la esclavitud. Los abolicionistas, o las personas que querían acabar con la esclavitud, presionaron a Lincoln a lo largo de su presidencia para que actuara. Los **republicanos radicales** también urgieron a Lincoln para que se pronunciara en contra de la esclavitud. Pero Lincoln quería preservar la Unión y pensaba que debía hacer lo posible por impedir que se separaran los estados fronterizos esclavistas. Algunas personas de esos estados ya habían partido hacia el sur para unirse al ejército Confederado.

El Congreso comenzó a tomar sus propias medidas para liberar a los esclavos de los estados que se habían separado. Pasó leyes de **incautación**, las cuales permitían que la Unión confiscara, o se quedara con las propiedades confederadas. La primera ley de incautación, que fue aprobada el 6 de agosto de 1861, también daba la libertad a cualquier esclavo que luchara o trabajara con el ejército confederado.

LA SEGUNDA LEY DE INCAUTACIÓN

La segunda ley de incautación se aprobó el 17 de julio de 1862. En esencia, fue la **precursora** de la Proclamación de Emancipación de Lincoln. Esta ley declaraba que los esclavos de los oficiales militares y no militares de la Confederación "serán para siempre libres", aunque solo se pudo hacer cumplir en las tierras confederadas ocupadas por el ejército de la Unión. El lenguaje de esta ley es muy similar al que utilizaría luego Lincoln en su famosa proclamación.

Este cuadro muestra una reunión entre Lincoln y el famoso abolicionista Frederick Douglass durante la guerra Civil.

LA PROCLAMACIÓN PRELIMINAR

Con la aprobación de las leyes de incautación, Lincoln logró el voto de confianza que necesitaba para dar su **ultimátum** a los estados que se habían separado: acaben la guerra y vuelvan a unirse a la Unión o pierdan la esclavitud para siempre. Con estas palabras Lincoln escribió lo que se conoce como la Proclamación de Emancipación **preliminar**. El 13 de julio de 1862, mostró esta proclamación a dos de sus secretarios, William H. Seward y Gideon Welles. Días más tarde, el 22 de julio, Lincoln dio lectura del texto a su gabinete. Aunque no todos la aceptaron con entusiasmo, su secretario de guerra, Edwin M. Stanton, quería que se anunciara lo antes posible.

Durante una reunión del gabinete el 22 de septiembre de 1862, se hicieron algunos cambios a lo que finalmente sería la Proclamación de Emancipación. Ese día Lincoln dijo que la Proclamación de Emancipación entraría en vigor el 1 de enero de 1863.

La Proclamación de Emancipación preliminar

Notice of issuance of Proclamation emancipating slaves in States in rebellion on January 1, 1865. (SIC)

BY THE PRESIDENT OF THE UNITED STATES OF AMERICA:

A PROCLAMATION.

I, ABRAHAM LINCOLN, President of the United States of America, and Commander-in-chief of the Army and Navy thereof, do hereby proclaim and declare that hereafter, as heretofore, the war will be prosecuted for the object of practically restoring the constitutional relation between the United States and each of the States, and the people thereof, in which States that relation is or may be suspended or disturbed.

That it is my purpose, upon the next meeting of Congress, to again recommend the adoption of a practical measure tendering pecuniary aid to the free acceptance or rejection of all Slave States, so called, the people whereof may not then be in rebellion against the United States, and which States may then have voluntarily adopted, or thereafter may voluntarily adopt, immediate or gradual abolishment of slavery within their respective limits; and that the effort to colonize persons of African descent, with their consent, upon this continent or elsewhere, with the previously obtained consent of the governments existing there, will be continued.

That on the first day of January, in the year of our Lord one thousand eight hundred and sixty-three, all persons held as slaves within any State or designated part of a State, the people whereof shall then be in rebellion against the United States, shall be then, thenceforward, and forever free; and the Executive Government of the United States, including the military and naval authority thereof, will recognise and maintain the freedom of such persons, and will do no act or acts to repress such persons, or any of them, in any efforts they may make for their actual freedom.

That the Executive will, on the first day of January aforesaid, by Proclamation, designate the States, and parts of States, if any, in which the people thereof respectively shall then be in rebellion against the United States; and the fact that any State, or the people thereof, shall on that day be in good faith represented in the Congress of the United States, by members chosen thereto at elections wherein a majority of the qualified voters of such State shall have participated, shall, in the absence of strong countervailing testimony, be deemed conclusive evidence that such State, and

Este grabado de 1866 muestra a Lincoln leyendo la Proclamación de Emancipación preliminar a su gabinete.

17

La Proclamación de Emancipación comienza con una simple mención de la fecha: "en el vigesimosegundo día de septiembre, en el año de Nuestro Señor mil ochocientos sesenta y dos…". El documento advierte que si el Sur no termina su "**rebelión**" dentro del plazo de 100 días, o antes del 1 de enero de 1863, la Proclamación de Emancipación entrará en vigor.

El segundo párrafo de la proclamación contiene una serie de palabras que, en ese momento, fueron las más importantes de la historia del movimiento abolicionista en Estados Unidos. Promete que: "…todas las personas en situación de esclavitud dentro de un estado o parte designada de un estado que esté en rebelión contra Estados Unidos… serán para siempre libres." Estas palabras dicen claramente que cualquier esclavo en un estado que se haya separado de la Unión se consideraría libre.

> *Esta es una copia fotografiada del borrador original de la Proclamación de Emancipación. La letra manuscrita es de Lincoln y la parte central pertenece a una copia impresa de la Proclamación de Emancipación preliminar.*

By the President of the United States of America:

A Proclamation.

Whereas, on the twentysecond day of September, in the year of our Lord one thousand eight hundred and sixtytwo, a proclamation was issued by the President of the United States, containing, among other things, the following, towit:

That on the first day of January, in the year of our Lord one thousand eight hundred and sixty-three, all persons held as slaves within any State or designated part of a State, the people whereof shall then be in rebellion against the United States, shall be then, thenceforward, and forever free; and the Executive Government of the United States, including the military and naval authority thereof, will recognize and maintain the freedom of such persons, and will do no act or acts to repress such persons, or any of them, in any efforts they may make for their actual freedom.

"That the Executive will, on the first day of January aforesaid, by proclamation, designate the States and parts of States, if any, in which the people thereof, respectively, shall then be in rebellion against the United States; and the fact that any State, or the people thereof, shall on that day be, in good faith, represented in the Congress of the United States by members chosen thereto at elections wherein a majority of the qualified voters of such State shall have participated, shall, in the absence of strong countervailing testimony, be deemed conclusive evidence that such State, and the people thereof, are not then in rebellion against the United States."

Now, therefore I, Abraham Lincoln, President of the United States, by virtue of the power in me vested as Commander-in-Chief, of the Army and Navy of the United States in time of actual armed rebellion against authority and government of the United States, and as a fit and necessary war measure for suppressing said rebellion, do, on this first day of January, in the year of our Lord one thousand eight hundred and sixtythree, and in accordance with my purpose so to do, publicly proclaimed for the full period of one hundred days, from the day first above mentioned, order and designate

20 20

19

En el segundo párrafo de la Proclamación de Emancipación, también dice que "Estados Unidos… reconocerá y preservará la libertad de dichas personas, y no actuará para reprimir a dichas personas, ni a ninguna de ellas, en cualquier esfuerzo que hagan para obtener su libertad". En otras palabras, no solo quedarían "libres para siempre" los esclavos de los estados confederados, sino que el gobierno de Estados Unidos los protegería contra la Confederación o cualquier otro grupo que intentara volver a esclavizarlos.

Algunos abolicionistas pensaban que el lenguaje de la Proclamación de Emancipación no era suficientemente fuerte y que no hacía bastante para liberar a los esclavos de los estados fronterizos y de otros lugares. Sin embargo, la Proclamación de Emancipación habla de manera clara sobre los esclavos que pertenecían a los confederados. Quedaban libres y no tendrían que volver a ser esclavos después de la guerra.

La Proclamación de Emancipación otorgaba la libertad a millones de esclavos en la mayor parte de las tierras confederadas. Sin embargo, los historiadores creen que unos 750,000 esclavos en Estados Unidos no fueron puestos en libertad a pesar de este documento.

Lo que logró la Proclamación de Emancipación:	Lo que no logró la Proclamación de Emancipación:
liberar a los esclavos de los estados que se habían separado de la Unión	*acabar con la esclavitud en Estados Unidos*
permitir que los afroamericanos ingresaran en el ejército de la Unión	*liberar a los esclavos en los estados fronterizos y en ciertas áreas bajo el control de la Unión*

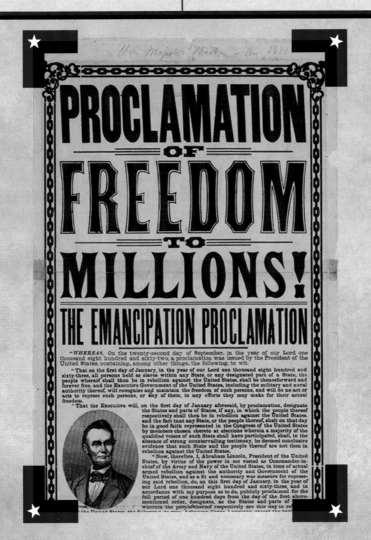

USOS MILITARES

En el cuarto párrafo de la proclamación, Lincoln **invoca** su poder como comandante en jefe de las fuerzas armadas de Estados Unidos en "tiempos de una rebelión armada contra la autoridad y el gobierno de Estados Unidos". Lincoln dice que ha dado tiempo a los miembros de la Confederación para acabar con la insurrección, pero que estos continúan rebelándose. Después, el documento nombra los estados afectados por esta proclamación, todos los cuales son estados confederados.

Una de las razones por las cuales el secretario de guerra de Lincoln quería que la Proclamación de Emancipación se anunciara lo antes posible es que se dio cuenta de la importancia que tendría para el esfuerzo **bélico** de la Unión. Al quitarle la fuente de mano de obra gratis, la Proclamación de Emancipación debilitó a la Confederación. También permitió que los esclavos liberados ingresaran en el ejército de la Unión.

Al final de la guerra, los soldados negros componían el 10% de las tropas de la Unión.

QUE DECIDAN ELLOS

*Más adelante en la Proclamación de Emancipación, Lincoln declara: "Por la presente **exhorto** a las personas aquí declaradas libres a que **se abstengan** de toda violencia, a menos que se trate de necesaria autodefensa". Los historiadores creen que esto se incluyó para que los esclavos liberados no se amotinaran ni crearan disturbios públicos violentos. Por el contrario, Lincoln dice que deberían comenzar a trabajar a cambio de un sueldo "razonable". En el párrafo siguiente, no obstante, anima a cualquier esclavo que quiera luchar contra la Confederación a que ingrese en el ejército de la Unión.*

"Y, además, declaro y hago saber que las personas de condición adecuada serán recibidas en las fuerzas armadas de Estados Unidos para servir en fuertes, posiciones, estaciones y otros lugares, y para tripular las embarcaciones de todo tipo en dicho servicio."

EXCEPCIONES A LA EMANCIPACIÓN

Lincoln dejó claro que los esclavos en las áreas controladas por los Confederados quedaban libres, pero hay una parte de la Proclamación de Emancipación que expone las excepciones a esta nueva regla. La mayor parte de estas excepciones se refieren a las áreas de los estados confederados que estaban bajo el control de la Unión. Eso significaba que los esclavos en estas zonas no quedaban oficialmente libres.

Se nombran doce distritos en Luisiana como excepciones a la Proclamación de Emancipación. El documento también menciona los 48 condados de Virginia que no se separaron de la Unión. Estos condados pertenecían a lo que luego sería el estado de West Virginia. También se nombran como excepciones a la Proclamación de Emancipación siete condados de Virginia que estaban controlados por el ejército de la Unión. Se especifica que estas zonas, que incluyen las ciudades de Norfolk y Portsmouth, se tienen que dejar "exactamente como si esta proclamación no se hubiera emitido".

Los historiadores creen que Lincoln incluyó estas excepciones porque temía que el Tribunal Supremo no aceptara el documento si no se refería exclusivamente a los esclavos en los territorios confederados. Lincoln pensaba que no tenía suficiente autoridad para declarar libres a los demás esclavos.

Mercado de esclavos de Luisiana

"Arkansas, Texas, Luisiana (excepto los distritos de St. Bernard, Plaquemines, Jefferson, St. John, St. Charles, St. James Ascension, Assumption, Terrebonne, Lafourche, St. Mary, St. Martin y Orleans, incluyendo la ciudad de Nueva Orleans), Misisipi, Alabama, Florida, Georgia, Carolina del Sur, Carolina del Norte y Virginia (excepto los cuarenta y ocho condados designados como West Virginia, y también los condados de Berkley, Accomac, Northampton, Elizabeth City, York, Princess Ann, y Norfolk, incluyendo las ciudades de Norfolk y Portsmouth[)], y dichos lugares exceptuados, por el momento, se quedan exactamente como si esta proclamación no se hubiera emitido."

EL ERROR DEL ESCRIBA

La Proclamación de Emancipación que escribió Lincoln a mano no fue la que se utilizó como versión final. La que sería la definitiva le llegó el 1 de enero de 1863, después de ser transcrita por un escriba del gobierno. Al leer el documento, Lincoln se dio cuenta de que había un error. Cerca del final del documento decía: "en testimonio de lo cual, suscribo la presente con mi nombre". Este era el lenguaje que se usaba para los tratados. Al ser una orden ejecutiva, la Proclamación de Emancipación debía decir: "en fe de lo cual, suscribo la presente de mi puño y letra".

★ ★ ★ ★ ★ ★ ★ ★ ★ ★ ★ ★ ★ ★ ★ ★
EL INCENDIO DE CHICAGO

En el otoño de 1863, Lincoln envió la copia manuscrita de la Proclamación de Emancipación a un grupo de mujeres en Chicago, Illinois, que estaban recaudando fondos para los soldados heridos durante la guerra Civil. El 8 de octubre de 1871, se desató un incendio masivo en Chicago. Duró dos días, causó la muerte a unas 300 personas y destruyó miles de edificios. En el incendio también se quemó la copia original de la Proclamación de Emancipación que había escrito Lincoln a mano.

Mientras el escriba volvía a copiar el documento, Lincoln atendió a varios invitados, ya que era el día de Año Nuevo. Estrechó la mano de tanta gente que las manos le comenzaron a temblar. Le preocupaba que a la hora de firmar el documento, su firma saliera mal, dando la impresión de que no estaba seguro de sí mismo.

Firma de Abraham Lincoln

Aquí se muestra la última página de la copia en limpio de la Proclamación de Emancipación que firmó Lincoln.

LA PROMESA DE LIBERTAD

Después de más de cuatro años de batallas sangrientas, la Confederación se rindió y la guerra Civil estadounidense terminó el 2 de junio de 1865. Lincoln no viviría para ver el final de la guerra ni la emancipación de todos los esclavos de Estados Unidos. El 14 de abril de 1865, mientras veía una obra de teatro en Washington, D. C., recibió un disparo. Murió a la mañana siguiente.

La Proclamación de Emancipación abrió el camino para la Decimotercera Enmienda a la Constitución de Estados Unidos, la cual el 6 de diciembre de 1865, prohibía oficialmente la esclavitud en Estados Unidos. La Decimocuarta y Decimoquinta Enmiendas daban la ciudadanía y el derecho al voto a los esclavos liberados. Aunque los derechos civiles de los afroamericanos continuaron siendo limitados por ciertas leyes y prácticas durante décadas, otras leyes, entre ellas la Ley de Derechos Civiles de 1964, intentaron cumplir la promesa de libertad de Lincoln.

> *Aunque mucha gente criticó el alcance limitado de la Proclamación de Emancipación de Lincoln, lo cierto es que sirvió de base para numerosas leyes futuras que darían mayores derechos a los afroamericanos, sobre todo la Decimotercera Enmienda. Aquí se muestra una celebración que tuvo lugar después de la aprobación de esta enmienda.*

"PARA SIEMPRE LIBRES"

La época de la esclavitud es un período vergonzoso de la historia de Estados Unidos que muchos preferirían olvidar. Sin embargo, es importante recordar los horrores de la esclavitud y cómo se abolió. La Proclamación de Emancipación de Lincoln no borró la esclavitud de nuestra historia, pero sí marcó un paso importante en el camino hacia la libertad para todos los estadounidenses. También permitió que casi 200,000 hombres que antes habían sido esclavos, pudieran luchar por la Unión y ayudar a ganar la guerra contra la Confederación.

Estudiar las palabras de la Proclamación de Emancipación y las acciones del Presidente Lincoln es una excelente forma de recordar lo mucho que hemos logrado como nación. Las palabras de este documento deben servirnos de inspiración para proteger a nuestros compatriotas y su derecho a ser "para siempre libres" en el futuro.

GLOSARIO

abstenerse: dejar de hacer algo.

bélico: relativo a la guerra.

borrador: una versión no definitiva de un escrito.

exhortar: apremiar para que se cumpla con una orden.

incautación: toma de posesión de bienes por un tribunal u otra autoridad.

insurrección: protesta violenta en contra de la autoridad.

invocar: emplear medios no comunes para conseguir algo.

precursor/a: algo que viene antes de otra cosa.

preliminar: que viene antes de una acción o un escrito.

primordial: esencial, de gran importancia.

rebelión: lucha abierta contra la autoridad.

republicano radical: miembro de una rama del Partido Republicano durante la guerra Civil totalmente opuesto a la esclavitud y a favor de dar igualdad de derechos a los esclavos liberados.

subordinación: hecho de estar sujeto a la orden o mando de alguien.

ultimátum: una exigencia que si no se cumple, podría resultar en algún tipo de castigo u otra consecuencia negativa.

ÍNDICE

SITIOS DE INTERNET

Debido a que los enlaces de Internet cambian a menudo, PowerKids Press ha creado una lista de los sitios Internet que tratan sobre el tema de este libro. Este sitio se actualiza con regularidad. Por favor, usa este enlace para ver la lista:

www.powerkidslinks.com/amdoc/emproc